MANUEL

DES

LEÇONS MÉTHODIQUES

DE

LECTURE GRADUÉE

APPLICABLES

A tous les modes d'enseignement,

PAR

A. LEFÈVRE,

instituteur communal

N° 5.

PARIS

CHAMEROT, LIBRAIRE-EDITEUR,

Successr. de M. Brunot-Labbe, ancien libraire de l'Université,

Quai des Augustins, 33.

—

1839.

AVIS.

Ce manuel est divisé en SIX PARTIES dont cha-
cune se vend séparément 10 cent.

IMPRIMERIE DE DUCESSOIS,

éditeur de la GAZETTE SPÉCIALE DE L'INSTRUCTION PUBLIQUE,
paraissant tous les Jeudis; 9 fr. par année.
Quai des Augustins, 55.

CINQUIÈME PARTIE.

6e CLASSE.

—

PRÉPARATION
A la lecture des MOTS NON SYLLABÉS.

—

Phrases graduées et homonymes.

*Cette classe récapitule l'orthographe complexe
des classes précédentes.*

1re *Leçon.*

Au mât	Saint-Just,
des bats,	la queue
ce legs	joue bleue
aux plaids	quel nœud
sept coqs,	cent nœuds
le dey	nos vœux
les beys	bœuf gras
gaie, gaies	cet œuf,
ma clef	leurs bouts
mes clefs	soûl, soûls
sur pied,	il moud
ces fruits	un joug
des pluies	six loups
son nid	mois d'août
leurs nids	mon pouls
du riz	les wighs,
ton cric	dans Caen
tes crics	par Laon
mort hier,	à temps
deux brocs	des paons
trois faulx,	vos champs
qu'il fût	du sang
huit fûts	dix rangs

deux cents

cinq francs,

près Reims

sa faim

daims vifs

du thym

le quint

mon poing

ses poings

sous-seings

blanc-seing

vingt clercs,

un rumb

gros taon

quels noms

des plombs

joncs longs

sois prompt

tu romps,

à jeûn,

de Troyes

c'est froid

un doigt

dix doigts.

vingt-deux

leur luth

dix-sept

le Rhin,

du mil

ce loch

en chœur

vers Metz.

2ᵉ Leçon.

A-ccueil	hôtel	défunt
accroc	cahos	défunts
affronts	eûmes	décroit
agréent	Aymon	déploies
amict	tabac	cachots
amicts	tabacs	saluent
arrhes	forêts	encloues
asseoir	fusil	replient
échecs	sirop	réchauds
échouent	ergots	empreints
écueils	bahuts	Ham-bie
édits	reflux	Milhaud
opium	rabbin	souhaits
No-ël	signet	bouchées
naïf	cahier	monsieur
Saül	périls	messieurs
Caïn	Orthez	faonne
ouïe	dégoût	respect
haïes	ragoûts	respects
Allah	exempt	herbe
effet	exempts	femme
fœtus	hareng	protêts
œstre	harengs	trahit

payes	parfums
coutil	convainc
jeûne	convaincs
hymne	Humbert
peigné	surseoit
tributs	surseoie
Henri	surseoient
jambe	faubourgs
goître	Hindoux
cornues	sang-sues
Prévost	bourgeois
contint	chrétien
nankin	schis-me
moëllon	drachme
restreints	brillant
instinct	transport
instincts	Stralsund.
parfum	

3e *Leçon.*

A-mu-rath , œnomel , ægylops ;

o-ccu-pé , abecqua , égayer , axiome ;

Au-xo-nne , almanach , almanachs ,

Visigoth , abdomen , redevint ;

Jé-sus-Christ , Ostrogoths , aoriste ,

important , asphyxier , imbroglio ;

en-frein-dre , aiguillée , bataillons ;

Fon-te-nay , Fontevrault , aoûteron ,

syntaxe , symbole , heiduque ;

coq-d'In-de , deuxième , condamné ;

cerf-vo-lant , gnostique , scrupuleux ;

coqs-d'In-de , phosphore , squelette ;

cerfs-vo-lants , paillette , splendide.

Thermopyles , allègera , latinité ,

inutile , légèreté , sténographe ,
auréole , illégale , typographie ,
légalité , pyramide , somnifère ,
rivalisé , zoophyte , collatéral ;
agglomération , newtonianisme ,
patriarchale ; quadrisyllabiques ,
extraordinaire , grammaticalement ,
stéréographique , anéantissement ;
impénétrabilité , polycotilédone ,
incompatibilité , désavantageusement ,
incorrigibilité , extraordinairement ;
inconstitutionnellement.

Phrases monosyllabiques.

4ᵉ Leçon.

1. Il n'y a qu'un seul Dieu.—
2. La voix de nos cœurs nous
crie qu'il est un Dieu. — 3. Dieu
a fait tout ce qui est.—4. Dieu
dit que le jour soit fait, et le
jour fut fait. — 5. C'est de Dieu
que je tiens tout ce que j'ai. —
6. Dieu a l'œil en tous lieux,
il voit dans tous les cœurs. —
7. Dieu tient en main le cœur
des rois, et de ceux qui sont
sous leurs lois. — 8. Prie Dieu de
bon cœur tous les jours.—9. Rends
à Dieu ce que tu dois à Dieu,

et aux lois ce que tu dois_ aux lois. — 10. Le Christ_ est mort sur la croix. = 11. Sois bon et ne fais point de cas du mal qu'on dit de toi. — 12. Tais le mal, mais dis tout haut le bien qu'on t'a fait. — 13. Ne fais point le mal, mais fais le bien. — 14. Fuis bien loin quand le mal est près de toi. — 15. Ne vois que des gens de bien. — 16. Ne dis que ce que tu sais. — 17. Bats le fer quand_ il est chaud. — 18. Sois bon fils, aie bon cœur. — 19. Sois tout_à ce que tu fais. — 20. Si je fais ce que je peux, je fais ce que je dois.

5e *Leçon.*

21. Ne perds_en vain ton temps, il est d'un trop grand prix. — 22. Ne fais rien ni trop tôt ni trop tard. — 23. On se tient_où l'on_ est bien. — 24. Ne vends pas ce que tu ne tiens pas. = 25. Rends le bien pour le mal. — 26. Fais le bien sur-le-champ, tu n'es pas sûr d'un jour de vie. — 27. Qui nuit_ et fait mal aux gens, n'a ni bon cœur ni bon sens. — 28. Plains le fou et fuis-le; car il ne sait_où il va ni ce qu'il fait = 29. Rien n'est beau que le vrai. — 30 Qui n'a pas de

mal a trop de bien—31 Pas_à pas_on va loin. — 32. Le temps fuit_ et la mort vient. — 33. Qui ne sait le prix du temps ne sait rien. — 34. Tout naît, tout se meut_ et tout meurt sous les cieux. — 35. Le corps meurt, mais le bien ne meurt pas. — 36. Un grand nom n'est rien si l'on n'y joint les mœurs. — 37. C'est de la fleur que vient le fruit. — 38. Qui croit qu'il sait tout ne sait rien. — 39. Qui veut trop n'a rien. — 40. Un bon fils fait la joie de ceux qui l'ont mis_au jour.

5ᵉ CAHIER.

6e *Leçon.*

41. On plaît bien plus par le cœur que par les traits. — 42. Le jour n'est pas plus pur que le fond d'un bon cœur. — 43. Qu'est-ce que la vie du corps sans la vie du cœur ? — 44. La joie du cœur fait les plus beaux jours de la vie, quels que soient les temps_ et les lieux_ où l'on_ est. — 45 Plus on_ est sot plus on est vain. — 46. Qui fait le plus fait le moins.— 47. Qui ne veut pas quand_il peut, ne peut plus quand_il veut. — 48. On vient_ à bout de tout dès qu'on le veut bien.

(*A.*) Ah ! je meurs. Ha ! c'est lui. As-tu ce qu'il a ? Tu vas d'Yorck à Saint-Wast. — (*É.*) Eh ! ai-je fait un é, un æ et un œ ? Hé ! je l'ai lu. — (*È.*) Est-on bien où tu es ? Que tu aies, qu'on ait qu'ils aient vu La Haye. Aie soin de ma haie, de nos haies. Il hait ceux que je hais. — (*I.*) Il y a sa hie. Tu hies, ils hient à la rue Saint-Roch. — (*O.*) ô toi qui es au haut ! .... Oh ! va aux eaux. Ho ! des os dans son eau ! Ces aulx sont hauts. — (*U.*) Tu eus, il eut faim. Il eût eu. On hue, tu hues, ils huent.

Phrases dissyllabiques.

7e Leçon.

1. Ne fais pas à un autre ce que tu ne veux pas qu'on te fasse. — 2. Qui ne se lasse point vient à bout de tout. — 3. Un coup de langue est pire qu'un coup de lance. — 4. Dans le bonheur souviens-toi de tes parents. — 5. Heureux qui rend à son père et à sa mère tous les soins qu'il en a reçus depuis son berceau. — 6. Point de repos pour l'envieux. — 7. Le plus mauvais des hommes est celui qui n'emploie pas ses talents pour le bien des autres. — 8. Il n'est jamais trop

tard pour faire le bien. — 9. L'œil du maître fait plus que ses deux mains. — 10. Qui dort longtemps ne saura rien. — N'attends jamais que l'on fasse ce que tu peux faire toi-même. — 12. Hante les bons, et tu seras bon. — 13. Le méchant se nuit à lui-même avant de nuire aux autres. — 14. Si tu fais du mal, attends du mal. — 15. Il vaut mieux se taire que de parler mal. — 16. L'enfant sage fait le bonheur de ses parents. — 17. Un métier vaut un fonds de terre.

8e *Leçon.*

18. Est assez riche qui ne doit rien.
— 19. Un bienfait n'est jamais perdu.
— 20. Défends ton ami absent. —
21. L'orgueil est presque toujours sui-
vi de la honte. — 22. Ne rougis pas
du métier de ton père. — 23. Cher-
chons à nous rendre meilleurs chaque
jour. — 24. L'humble ne se vante jamais, il est chéri de tout le monde.
— 25. Chacun dans son état devrait
voir son bonheur. — 26. Le vrai sage
est toujours content de son sort. — 27.
Le travail et l'ennui ne passent jamais

par la même porte. — 28. Il n'y a pas de jour où l'on ne puisse faire mieux que la veille. — 29. Ne chantons jamais auprès de ceux qui pleurent. — 30. L'homme le plus instruit est celui qui sait le mieux combien de choses lui restent à savoir. — 31. Aime tous les hommes comme des frères. — 32. Les bonnes actions sont dans notre vie comme des filons de métaux précieux: une fois qu'on a trouvé la mine, on veut la suivre. — 33. Dans le doute abstiens-toi.

9e *Leçon.*

34. Voyons, avant de nous croiser les bras, si nous ne pouvons point tendre la main au malheur. — 35. Si tu as une âme d'homme, pourquoi te conduis-tu comme si tu avais l'âme d'un tigre ? — 36. Du choix de ses amis dépend le sort d'un jeune homme qui entre dans le monde. — 37. Un bon livre est un bon ami. — 38. Savoir de tout en mince dose

Sert peu, je le dis en ami :

Mieux vaut savoir bien une chose

Que d'en savoir trois à demi. (L, de J.)

— (*AN.*) Xavier en fera en un an.
— (*ON*, *UN.*) Les Huns ont péri, dit-on, Un un. Les uns les autres.
— (*EU.*) Un œuf dur pour eux. Zoé vend des œufs à Eu. — (*OU.*) Où il y a des houx, je houe, tu houes, ils houent en juillet ou en août.
— (*OIN.*) Du vieux oing ; Tu oins, il oint à Saint-Ouen. = Planter un *pin* ; je peins, il peint à Kiel ; du pain cuit. — Fais bon *poids* ; cueillir des pois ; pouah ! il sent la poix. — *Son* corps ; le son du cor ; son de seigle. — Je me *poste* au poste de la poste.

Phrases trissyllabiques.

10e *Leçon.*

1. Dieu dit à l'homme : Aide-toi, je t'aiderai. — 2. A qui veut mal, mal arrive. — 3. Consulte-toi avant d'agir. — 4. Selon ta bourse gouverne ta bouche. — 5. Quand le sage ouvre la bouche, approche l'oreille. — 6. Ce n'est pas tout de promettre, il faut tenir. — 7. L'exemple touche plus que la parole. — 8. Il ne faut jamais quitter le certain pour l'incertain. — 9. Si ton frère t'offense, reprends-le ; s'il se repent, pardonne-lui. — 10. Ne remets pas à demain le bien que

tu peux faire aujourd'hui. — 11. Les cornes sont la défense du taureau ; l'aiguillon, celle de l'abeille ; la raison, celle de l'homme. — 12. Préfère à l'ami qui te loue, celui qui t'avertit de tes fautes. — 13. Ne vous contentez pas de louer les gens de bien, imitez-les. — 14. Qui apprend les sciences, et ne pratique pas ce qu'elles enseignent, ressemble à un homme qui laboure et ne sème pas. — 15. Garde-toi de la raillerie ; c'est l'éclair de la calomnie.

11ᵉ *Leçon.*

16. L'avare ne sommeille jamais_en paix. — 17. Le repentir est l'aurore de la vertu. — 18. O toi qui peux jouir d'un doux sommeil , pense à ceux que la douleur empêche de dormir. — 19. O toi qui marches lestement, aie pitié de ton compagnon qui ne peut te suivre ! — 20. O toi qui es_opulent , songe à celui que la misère accable. — 21. On s'avilit toujours quand_on néglige de s'élever_au bien ; Ne point avancer dans le chemin de la perfection , c'est rétrograder.

— 22. On n'est content de personne quand on est mécontent de soi. — 23. Comme la terre supporte ceux qui la foulent aux pieds, et lui déchirent les entrailles en labourant, de même devons-nous rendre le bien pour le mal. — 24. Recueille comme autant de pierres précieuses, les paroles de ceux qui sont un océan de science et de vertus. — 25. Quand tu es seul, songe à tes défauts; quand tu es en compagnie, oublie ceux des autres. — 26. Parlez peu, écoutez beaucoup.

12e Leçon.

27. L'oubli est le remède de l'injure.
— 28. Reconnais les bienfaits par d'autres
bienfaits ; ne te venge pas par des injures. — 29. Heureux celui qui craint
les reproches de sa conscience, avant de
redouter ceux des autres. — 30. Malheur à celui par qui le scandale arrive !.... — 31. Hâtons-nous d'acquérir et talents et vertus ; car le temps
que l'on perd ne se retrouve plus. —
32. Quand on a fait un pas dans la
route du bien, le second est facile et
ne coûte plus rien.

Du *SEL* d'Epsom ou de Sedlitz. Les sels chimiques. — Je selle, tu selles, ils sellent; seller un cheval, c'est lui mettre la selle. — S'asseoir sur des selles. — Je scelle, tu scelles, ils scellent; sceller un acte, c'est y mettre le scel, sceau, timbre ou cachet; mais sceller un gond, c'est l'arrêter avec du plomb, du plâtre, du mastic, ou du ciment. — On dit celle-ci pour cette chose-ci; celles-là pour ces choses-là. — Je cèle, tu cèles, ils cèlent, céler un fait, c'est le taire.

Phrases quadrisyllabiques.

13e *Leçon.*

1. Chaque feuille d'un arbre vert est aux yeux du sage un feuillet du livre qui enseigne la connaissance du créateur. — 2. L'aumône est le sel des richesses ; sans ce préservatif elles se corrompent. — 3. Le jeu nous dérobe trois excellentes choses : l'argent, le temps et la conscience. — 4. L'industrie est la main droite de la fortune, et la frugalité, sa main gauche. — 5. Fais le bien, et tu ne redouteras personne ; fais le mal, et tu redouteras tout le monde. — 6. Le désœu-

vrement_est le père des soucis. — 7. La tempérance est_ un_ arbre qui a pour racines le contentement de peu, et pour fruit le calme et la paix. — 8. L'omission du péché est meilleure que l'exécution de la pénitence. — 9. Jouis des bienfaits de la providence, voilà la sagesse; fais-en jouir les_ autres, voilà la vertu. — 10. La justice et la bonté sont plus_ agréables_ à Dieu que les_ offrandes. — 11. Les bienfaits se paient noblement par une vive reconnaissance.

14e *Leçon.*

12. Soyez persuadé qu'il n'y a pas d'offense si grande qui ne puisse être pardonnée. — 13. Qui ne fait pas le bien dans la prospérité, souffre beaucoup dans la disgrâce. — 14. Ne t'avilis pas à cause de ta pauvreté; ne t'enorgueillis pas à cause de tes richesses. — 15. L'oisiveté ressemble à la rouille; elle use beaucoup plus que le travail. — 16. Gagner ce qu'on peut, et tacher d'utiliser ce qu'on gagne, c'est la vraie pierre philosophale. — 17. S'il n'y avait pas de fer, l'ai-

mant ne se tournerait pas vers lui :
de même s'il n'y avait pas_ une autre
vie, nos désirs ne l'invoqueraient pas.
— 18. Qui veut jouir des douceurs
de la richesse , doit accepter l'amer-
tume du travail. — 19. Les grands
fleuves, les gros_ arbres , les plantes
salutaires_ et les gens de bien , ne
naissent pas pour eux-mêmes, mais
pour rendre service aux_autres. —
20. La politesse est_ une monnaie
destinée à enrichir non point celui
qui la reçoit, mais bien celui qui la
donne.

15e *Leçon.*

21. La patrie est une grande fa-
mille — 22. La patiente raison, la
douce bienveillance trouvent peu de
cœurs ou d'esprits indomptables. —
23. L'ignorance suppose l'oisiveté. —
24. Malheur à l'ignorant, au sot,

Au méchant, à l'homme inutile !

Malheur donc, malheur, en un mot,

Au paresseux, à l'indocile ! — 25.

Le temps, monstre à gueule béante,

Vole fuit et ne revient plus ;

Tout meurt sous sa dent dévorante ;

Il n'épargne que les vertus. (**L. de J.**)

CES annonces que tu cesses. Est-ce la cession d'Alceste? — *DES* gardes_au-dessus d'eux. Je te destine ce dessin. — *LES* ustensiles de lessive. Il moleste ses gentilles pupilles. — *MES* gens m'estiment. Mesdames payez le semestre du messager. — *SES* dépenses de la session des_assises le désespèrent. — *TES* comptes sont contestés par Mme la comtesse.

(*N. B.*) — Les_homonymes sont des mots qui, ayant_un sens différent, s'écrivent_ou se prononcent de même.

Le même ouvrage,

EN TRENTE-SIX TABLEAUX,

à l'usage des écoles, 1 fr. 25.

—

On vend chaque classe séparément.

www.ingramcontent.com/pod-product-compliance
Lightning Source LLC
Chambersburg PA
CBHW060759280326
41934CB00010B/2516